Collection : « De l'œil à l'Être »

« INCEPTION »
Rêve, sommeil
et manipulation

Du même auteur

- Témoins de lumière - Des aventures ordinaires
- Recueil de l'Être
- Cœur de Framboise à la frantonienne

Suite romanesque : Le livre sacré

- Kumpiy - Le livre sacré - Tome 1 - L'œil et le cobra
- Kumpiy - Le livre sacré - Tome 2 - La confrérie du cobra
- Kumpiy - Le livre sacré - Tome 3 - Tara la guérisseuse

Collection « de l'œil à l'Être »

- « Kung Fu Panda 1» et la puissance du « croire »
- « Kung Fu Panda 2» - La voie de la paix intérieure
- « Equilibrium » – Une vie sans émotions
- « La Belle Verte » - Retrouver sa nature
- « V pour Vendetta » - Vi Veri Veniversum Vivus Vici
- « La jeune fille de l'eau » - Notre vie a un sens
- « Les fils de l'homme » - L'espoir au corps

Collection : *« De l'œil à l'Être »*

Dans la collection

« De l'œil à l'Être »

« INCEPTION »

Rêve, sommeil

et manipulation

YGREC

© 2015
Auteur : Ygrec
Production et éditeur : Édition : Books on Demand, 12/14 rond-point des Champs-Elysées, 75008 Paris, France.
Imprimé par Books on Demand GmbH, Norderstedt, Allemagne. »

ISBN : 9782810618880
Deuxième édition
Première édition : Novembre 2010

« Le Code de la propriété intellectuelle interdit les copies ou reproductions destinées à une utilisation collective. Toute représentation ou reproduction intégrale ou partielle faite par quelque procédé que ce soit, sans le consentement de l'auteur ou de ses ayants cause, est illicite et constitue une contrefaçon, aux termes des articles L.335-2 et suivants du Code de la propriété intellectuelle. »

Collection : « De l'œil à l'Être »

LA COLLECTION
« DE L'ŒIL A L'ÊTRE »

Lors de mes conversations avec mes lecteurs et mes élèves, lorsque je réponds à leurs questions, oralement ou par écrit, j'ai l'habitude d'illustrer mes propos d'exemples de la vie courante. Je leur propose aussi la lecture de livres. Je leur conseille de regarder certains films. Je leur recommande surtout de lire ou de voir autrement.

Ils sont nombreux ceux qui me demandent, ou qui m'ont demandé, de publier des analyses, sur ce que je présente comme des références, lors de cet apprentissage difficile qui est celui qui mène à soi-même !

La collection « De l'œil à l'Être » devrait répondre aux attentes de certains, et je l'espère, de beaucoup.

Aucun des ouvrages ne constitue une analyse complète, mais chacun peut devenir un outil de développement personnel. Il s'agit d'apprendre à voir autre chose, de chercher un sens différent à ce qui nous entoure. Rappelons-nous que rien n'est caché. Le plus souvent, c'est nous qui ne savons pas voir.

Il est bien évident que ce que j'écris n'engage que moi, et non les auteurs, scénaristes, dessinateurs, producteurs, acteurs, de ces œuvres, qui ont exprimé ce qu'ils souhaitaient exprimer, et nous sommes libres d'apprécier ou pas, de comprendre ou pas, et même, de comprendre différemment. Je n'essaie pas de faire dire ce qui n'a pas voulu être dit, mais je tente simplement de faire passer un ressenti, le mien.

Le texte n'énonce pas des vérités, il a valeur de proposition pour illustrer les nombreuses notions et concepts de la voie spirituelle.

Même si tout n'est pas dit, même si tout n'a pas été saisi, ces auteurs, scénaristes, dessinateurs, producteurs, acteurs, etc....ont su éveiller la curiosité et l'intérêt, et de cela, je les remercie. Ils doivent savoir que je m'efforce de me conformer à la loi en matière de droits d'auteur, et ne publie aucune photo, aucun texte en intégralité (je me permets toutefois certaines citations courtes), je n'organise aucune projection. Je continue, comme je l'ai toujours fait, de conseiller un livre, un film, etc, dont certaines parties sont, pour moi, de bons exemples à donner, complétant à merveille ceux de mon vécu personnel.

Si quelque chose m'avait échappé, compte tenu de la complexité législative, je leur serais reconnaissante de m'en prévenir et de m'en excuser.

Il ne sera pas inutile de préciser, à l'intention de mes lecteurs, que je n'ai de contrat avec aucun auteur, éditeur ou producteur, etc. J'écris ce que je pense, et cela, toujours dans le même but : aider les autres, et par voie de conséquence, m'aider moi-même.

Collection : « De l'œil à l'Être »

Chacun des ouvrages de la collection « De l'œil à l'Être » traite d'une œuvre (film, pièce de théâtre, livres etc.). Les titres, les auteurs, les éditeurs, les distributions (lorsqu'il s'agit de cinéma), enfin tout ce qui est nécessaire à une identification exacte sans confusion possible, sont clairement énoncés. Tous les livres de la collection comportent une étude rapide des personnages et de certaines séquences. Ils abordent des sujets ayant un rapport direct avec l'œuvre mais aussi d'autres, dont la suggestion m'a paru intéressante. Nous chercherons ainsi à saisir les situations présentées, à trouver les effets et les causes, pour en tirer un enseignement, pour essayer de nous comprendre et de comprendre les autres. Les sujets généraux seront, à dessein, partiellement traités, et selon l'optique de l'œuvre. Ils trouveront leurs compléments dans un ou d'autres livres. Il est inutile d'aller trop vite.

D'un ouvrage à l'autre, nous retrouverons parfois, à l'identique, les introductions à certains paragraphes. C'est qu'il s'agira d'appréhender le sujet avec les mêmes techniques. D'autres fois, tout sera différent.

La collection « De l'œil à l'Être » existe, non pour imposer un point de vue, encore moins pour extraire des messages que l'auteur a souhaité transmettre (lui seul peut en parler) mais pour proposer des pistes de réflexion, libre à chacun de voir autre chose ou de ne rien voir du tout.

Amis lecteurs ouvrons grands les yeux de l'intérieur et prenons les chemins de l'Être.

« Inception » - Rêve, sommeil et manipulation

Collection : « De l'œil à l'Être »

INTRODUCTION

Cet ouvrage est consacré à « Inception ».

Ce film a eu un énorme succès. Il mêle action et réflexion, regard intérieur et extérieur, approche superficielle, puis profondeur. Tout y est pour le considérer comme un film grand public, avec, en plus, les pistes ébauchées d'un questionnement, et la piqûre du doute de l'énigme finale.
Il suscite, soit la fascination, soit l'incompréhension.

Il est vrai que, dès les premières images, il faut suivre l'intrigue pas à pas, sans s'attacher aux images, sans chercher les liens évidents. Assis dans nos fauteuils, il s'agit de se laisser porter, un peu comme dans un rêve, un de ces rêves qui nous font dire parfois, au réveil, que tout cela n'a ni queue ni tête.

Pour ceux qui n'ont pas été pris par les pièges de la matière, qui se sont plongés dès les premières minutes, dans l'intrigue, comme dans un rêve justement, et sans qu'ils sachent si ce rêve leur appartient ou s'il est celui d'un autre, l'aventure est époustouflante. Et tout cela, sur une musique, que certains n'ont pas appréciée, mais que j'ai trouvée particulièrement adaptée.

On ne peut sortir de la salle que la tête emplie de questions, de doutes, de l'envie d'en savoir plus sur cet inconnu : le subconscient. D'autant que la fin y pousse davantage encore !

Cette fin laisse le spectateur en suspens. La première interrogation qui vient à l'esprit en regardant défiler le générique est : Cobb est-il retourné à la réalité ?

En cherchant, et en examinant les détails non visibles au premier coup d'œil, les arguments en faveur de la réussite de Cobb apparaissent, puis s'annulent.

Plus on approfondit la question, plus elle se pose pour les scènes précédentes, puis pour le film en entier. Car rien n'interdit de penser que nous croyons entrer dans le subconscient, alors que nous en sortons.

C'est à ce moment-là que tout peut être remis en question depuis le début. Et si c'était Mall qui vivait dans la réalité ? Et si c'était elle qui avait raison ?

Si nous poussons la recherche, nous trouvons tous les éléments qui accréditent cette thèse, éléments vite contrariés par d'autres, qui tendent à prouver le contraire. Nous voici jetés dans le labyrinthe nécessaire à l'« extraction », dont chacun trouvera une sortie, SA sortie.

Ce livre n'a pas pour but de dénouer l'intrigue ni de trouver la solution de l'énigme. Car il n'y a sans doute pas UNE solution, mais DES solutions. Nous choisirons celle qui nous correspond.

Il s'agit ici de mettre en valeur certaines notions.

Une fiche technique présentera d'abord le film puis nous passerons à l'étude proprement dite.
Pour profiter pleinement de ce livre, il est évidemment indispensable d'avoir vu le film au préalable. Si ce n'est pas le cas,

il n'y a plus qu'à le refermer. Non seulement il est utile de connaître l'histoire du début à la fin avant de continuer, mais la lecture prématurée de cet ouvrage vous ferait peut-être oublier le spectacle, et ce serait dommage. Car n'oublions pas qu'il s'agit d'abord d'un spectacle à apprécier pleinement en tant que tel. Cependant, et pour tous ceux qui ne pensent pas pouvoir regarder ce film dans l'immédiat, je les invite à lire les chapitres « Comprendre » et « A l'écoute des autres » pour lesquels ils ne devraient pas se sentir perdus. Il est intéressant de regarder une deuxième fois chacun des films étudiés dans la collection, en notant ce qui paraît remarquable, en essayant de cerner les personnages et en repérant les séquences à étudier. Mais, pour cette deuxième projection, chacun fera, après tout, comme il l'entend, comme il le sent. L'important est de se sentir à l'aise en pratiquant ces exercices qui ne doivent pas devenir une torture pour l'esprit, mais un jeu.

« Inception » - Rêve, sommeil et manipulation

Collection : « De l'œil à l'Être »

SYNOPSIS ET FICHE TECHNIQUE

Synopsis

Dom Cobb sait utiliser ses connaissances dans le domaine des mécanismes du conscient et du subconscient, mais ces facultés lui ont coûté sa famille, et l'ont contraint à l'exil.

Il ne reste, au fugitif, que l'espionnage industriel, et il devient « extracteur ». Avec son équipe, il pénètre le subconscient de ses victimes pour leur arracher les secrets les mieux gardés. Mais une chance de salut lui est offerte : procéder à une « inception », opération délicate et dangereuse, qui consiste à semer une idée dans le subconscient d'une personne, de façon à ce qu'elle pense que cette idée vient d'elle seule. Il devra convaincre l'héritier d'une multinationale de ne pas suivre les traces de son père, pour, à terme, démanteler le groupe.

Pour accomplir sa mission, Dom Cobb s'entoure de spécialistes, et ils affrontent ensemble tous les dangers. Mais la pire des menaces réside dans le subconscient même de Cobb.

« Inception » - Rêve, sommeil et manipulation

Fiche technique

Titre original : Inception
Réalisation : Christopher Nolan
Scénario : Christopher Nolan
Production : Christopher Nolan et Emma Thomas
Musique : Hans Zimmer
Photographie : Wally Pfister
Montage : Lee Smith
Décors : Guy Dyas
Costumes : Jeffrey Kurland
Durée : 142 minutes
Date de sortie en France le 21 Juillet 2010

Distribution

- **Leonardo DiCaprio** (VF : Damien Ferrette) : Dominique « Dom » Cobb, « l'extracteur »
- **Joseph Gordon-Levitt** (VF : Alexis Victor) : Arthur, « l'organisateur » et associé de Dominique
- **Ellen Page** (VF : Jessica Monceau) : Ariane, « l'architecte »
- **Ken Watanabe** (VF : Toru Tanabe) : Saito, « le touriste », client de Dominique
- **Marion Cotillard** (VF : Marion Cotillard) : Mallorie « Mall » Cobb, « l'ombre », épouse de Dominique

Collection : « De l'œil à l'Être »

- **Tom Hardy** (VF : Patrice Baudrier) : Eames, « le faussaire », peut en rêve prendre l'apparence de quelqu'un d'autre
- **Cillian Murphy** (VF : Rémi Bichet) : Robert Michael Fischer Jr., la cible
- **Dileep Rao** (VF : Gilles Morvan) : Yusuf, « le chimiste »
- **Michael Caine** (VF : Frédéric Cerdal) : Professeur Miles
- **Tom Berenger** (VF : Jacques Frantz) : Peter Browning, bras droit de Maurice Fischer et oncle de Robert Michael Fischer Jr.
- **Lukas Haas** (VF : Philippe Bozo) : Nash, associé de Dominique
- **Pete Postlethwaite** (VF : Jean-Bernard Guillard) : Maurice Fischer, père de Robert Michael Fischer
- **Tai-Li Lee** (VF : Anatole Thiebaut) : Tadashi
- **Claire Geare** : Phillipa (3 ans)
- **Taylor Geare** (VF : Mathilde Thiebaut) : Phillipa (5 ans)
- **Johnathan Geare** : James (3 ans)
- **Daniel Girondeaud** : L'homme du rêve
- **Earl Cameron** : Vieil homme chauve
- **Ryan Hayward** : Avocat
- **Miranda Nolan** : Hôtesse de l'air
- **Russ Fega** : Chauffeur de taxi
- **Talulah Riley** : Jeune femme blonde
- **Michael Gaston** : Agent d'immigration
- **Felix Scott** : Homme d'affaires

« Inception » - Rêve, sommeil et manipulation

- **Andrew Pleavin** : Homme d'affaires
- **Anthony Shell** : Homme d'affaires
- **Lisa Reynolds** : Infirmière privée
- **Jason Tendell** : Chauffeur de Fischer
- **Jack Gilroy** : Cobb (agé)
- **Shannon Welles** : Mall (agée)

Box-Office France : plus de 4 850 000 à ce jour

Date de sortie en DVD : Décembre 2010

Collection : « De l'œil à l'Être »

ENVIRONNEMENT

Les héros de cette histoire évoluent dans un monde où l'extraction est une pratique, qui, même si elle n'est pas courante, est tout de même fréquemment utilisée. C'est ainsi que Dom Cobb peut proposer ses services pour former les victimes potentielles à se protéger. C'est ainsi aussi que Cobb et son équipe découvrent que Fisher a bénéficié de l'apprentissage à la protection contre l'extraction.

Dom Cobb a dû quitter les Etats Unis où il est recherché. On le verra à Paris, à Mombasa par exemple, mais les plus grandes aventures sont, en fait, vécues dans le subconscient humain.

Tout est basé sur la connaissance, admise ou supposée, des mécanismes du conscient et du subconscient. Comme toute science, des personnes mal intentionnées peuvent en faire mauvais usage. C'est le cas, ici, de l'extraction dans l'espionnage industriel.

Cependant, il demeure toujours une part d'imprévisible. Le subconscient détient des secrets enfouis.

« Inception » - *Rêve, sommeil et manipulation*

Collection : « De l'œil à l'Être »

LES PERSONNAGES

Premier aperçu

Chacun des personnages est important. Chacun a une personnalité intéressante, avec un vécu, une expérience et avec, aussi, des traumatismes. Tous sont pourtant liés les uns aux autres. Aucune action, aucune réussite n'est envisageable sans la participation de tous. C'est une équipe qui mène l'action, mais une équipe dont les membres sont toutefois interchangeables en fonction de la mission à mener ou des qualités requises.

Des liens d'amitié se tissent, nourris par l'acceptation de ce qu'est l'autre, par la compréhension de ce que chacun peut apporter à la communauté, par les connaissances communes ou complémentaires des uns et des autres dans leur domaine. Ils sont aussi liés par leur dépendance mutuelle, et sont tenus à la confiance. Mais ce qui les rapproche surtout, c'est cette même attirance pour la création pure que représente le contrôle, au moins partiel, du subconscient, c'est l'aventure formidable qu'ils vivent ensemble, où se mêlent le connu et l'inconnu, le prévisible et l'improbable.

Nous pouvons transposer ces premières observations dans la vie courante, ou même à l'échelle de l'humanité. Nous sommes tous liés. Nous avons besoin les uns des autres. Notre monde pourrait être différent si nous étions tous conscients de cela. Il ne serait pas ce qu'il est, si certains n'essayaient pas de prendre l'avantage, un avantage qui n'est qu'une illusion, évidemment.

Essayons de comprendre par exemple, comment il est vain, pour un milliardaire de multiplier le nombre de ses propriétés, de sous-payer les employés de ses entreprises, les condamnant à la misère, tout en déjeunant dans de la vaisselle en or. Il partira seul, et sans rien emporter, comme chacun de nous. Car s'il est compréhensible que l'on veuille s'enrichir, il est de la responsabilité de chacun de pouvoir le faire sur une base créative, et non sur une logique destructrice. Cette logique destructrice se retournera, tôt ou tard, contre ceux qui la pratiquent, indirectement parfois, donnant l'impression que les crimes restent impunis, mais les effets se produiront.

Nous pouvons aussi remarquer, comment, à la fin du film, chacun pourrait avoir des idées individualistes pour être certain de revenir à la réalité, mais tous choisissent de travailler à la réussite de la mission et au retour de l'équipe au complet.

Dès ce premier aperçu, nous pouvons aussi tirer les conclusions de l'élimination de Nash. Les membres de l'équipe doivent être à leur place, et Nash n'y est pas. C'est la condition de la réussite.
Chacun doit trouver la sienne. Dans notre société, on constate pourtant l'élimination de beaucoup, sur des critères plus que contestables, et la promotion vertigineuse à des postes de responsabilité, d'autres, dont les compétences restent à prouver.
Notre société a tendance à oublier que le mot « meilleur » peut être substantivé à condition d'en déterminer le domaine. On nomme les « meilleurs » tout court, mais ils sont les rois de la manipulation.

Collection : « De l'œil à l'Être »

Les personnages :

Dom Cobb est « l'extracteur ». C'est lui qui est recruté et il choisit les membres de son équipe, qu'il respecte, mais tout de même pas assez pour tout leur dire de leur mission. Il est trop obnubilé par son retour chez lui pour leur éviter certains désagréments, sans même savoir que son but inconscient est sa rédemption.

Arthur est l'associé de Cobb, l'ami de la première heure. Il connaît bien Dom, le met en garde contre lui-même mais ne le juge pas. Eames dira d'Arthur qu'il n'a pas d'imagination. C'est qu'elle ne lui est pas nécessaire pour le travail qu'il exécute. Nous nous apercevrons qu'il peut en avoir, lorsqu'il essaiera de contrarier les lois de l'apesanteur. Il en est de même pour nous, qui ne connaissons pas toutes les possibilités de notre cerveau. Nous pouvons tout, mais nous l'ignorons.

Ariane est la nouvelle architecte.
Remarquablement douée, elle est proposée par Miles, qui connaît aussi sans doute, sa sensibilité. Il devine peut-être qu'elle pourra aider Cobb à se guérir. En forçant les défenses de Cobb, elle parviendra à le guider sur le chemin de la rédemption. Ce prénom est bien choisi. On pense immédiatement à la légende du Minotaure.

Eames est le faussaire, capable d'imiter les identités, les papiers comme les physionomies. Lui, ne manque pas d'imagination ! Mais c'est aussi un fin psychologue, plus froid qu'Ariane, en apparence au moins, mais tout aussi efficace. Sa connaissance de l'« humain » lui permet d'imaginer tous les stratagèmes.

Yusuf est le chimiste. Son expérience dans la composition des drogues (au sens générique du mot) lui permet d'entrer dans l'équipe. Il ne refuse à personne les moyens de s'évader du monde matériel, par l'utilisation de ses substances, qui deviennent des drogues dans l'autre sens du terme.

Nash est éliminé très vite de l'équipe. Les mauvais choix de ses architectures n'en sont peut-être pas les seules causes. On sent une instabilité dans le personnage.

Robert Michael Fischer est la victime de Cobb, malheureuse, pourrait-on dire, mais pas au sens où on pourrait l'entendre. En effet, malgré son statut d'héritier d'une grosse fortune, Fischer junior est un homme blessé. C'est la réussite de l'opération qui va le rendre heureux. C'est un bonheur basé sur un mensonge, mais ce mensonge, cette fausse réconciliation avec son père, lui permet de devenir lui-même.

Saito est le commanditaire de l'« inception ». Il est le tentateur, celui qui propose les moyens de la rédemption. Il est encore le tentateur quand il propose à Cobb de tuer Nash. C'est peut-être aussi une façon de sonder ses futurs collaborateurs. L'aspect dur du dirigeant de multinationale qu'on lui découvre au tout début du film disparaît peu à peu, et il dévoile alors toute son humanité en tant que membre de l'équipe.

Collection : « De l'œil à l'Être »

Miles a été le professeur de Dom. Il est aussi son beau-père. C'est lui qui, après des doutes légitimes, proposera Ariane en tant qu'architecte. Il voit la dernière mission de Dom, comme une chance de salut pour son ancien élève. Il y voit peut-être aussi une façon de se décharger de sa culpabilité. Car comment ne pas se sentir coupable quand les connaissances que vous avez transmises sont devenues des armes, ou qu'elles ont provoqué, indirectement certes, le suicide de votre propre fille.

Mall est l'épouse de Cobb. Bien que le rôle soit déclaré secondaire par certains, le personnage est extrêmement important. Mall est toujours présente. La double image de l'épouse disparue (l'amoureuse et la tueuse) est la représentation de l'obsession à deux facettes de Cobb : l'amour perdu et les remords.

« Inception » - Rêve, sommeil et manipulation

Collection : « De l'œil à l'Être »

Les personnages comparés

Les membres de l'équipe :
Ils sont tous complémentaires. Ce qui les réunit et les motive, c'est leur fascination pour le rêve lucide, pour l'entrée dans le subconscient, avec son pouvoir extraordinaire de création.

Mall et Dom Cobb :
Tous deux connaissent les rouages du subconscient et choisissent un parcours égoïste : vivre seuls tous les deux au plus profond du rêve.

Leur opposition naît au moment où l'un décide d'en sortir. Et c'est là que se jouera le drame.

Dom Cobb et Ariane :
Ils sont tous deux architectes. Dom est plus égoïste qu'elle. La sensibilité d'Ariane est tournée vers l'autre, elle lui permet de ne pas oublier que la sécurité de tous dépend de chacun d'entre eux.
Cette sensibilité ajoutée à sa curiosité lui fera prendre des risques pour découvrir le secret de Dom.

« Inception » - Rêve, sommeil et manipulation

Collection : « De l'œil à l'Être »

LES SCÈNES

Les premières scènes : Cobb échoué sur une plage où il voit deux enfants jouer. Il est emmené auprès d'un homme très âgé qui reconnaît la toupie. Nous retrouverons cette scène à la fin du film.

Dom, Arthur et Saito dînent dans la pièce vue précédemment : Dom et Arthur essaient de convaincre Saito de se protéger contre l'extraction. Celui-ci s'en va en promettant de réfléchir. Lorsqu'à ce moment, Arthur s'adresse à Dom par le : « Il sait », nous devinons que les intentions des deux comparses ne sont pas très honnêtes.
Dans ce passage, réécoutons le dialogue sur l'idée.

Les verres tremblent : qu'est ce qui se passe là-haut ?
Nous nous demandons ce qu'est ce : « là-haut ». Nous passons soudain à des images de révoltes, et celles de Dom, Arthur et Saito endormis.

Première rencontre avec Mall : Arthur s'étonne de sa présence. Dom s'en approche. La conversation nous intrigue, nous décelons des sous-entendus que nous ne pouvons pas encore comprendre.

Mall et Dom dans la chambre : Dom passe par la fenêtre et au moyen d'une corde, rejoint la pièce du début du film. Il ouvre un coffre, en retire une enveloppe qu'il s'apprête à remplacer par une autre, quand Saito et Mall apparaissent, menaçant Arthur d'une arme.

Mall tire sur Arthur : c'est dans ce passage que nous comprenons que les personnages rêvent. Les propos de Mall sont intéressants : la mort provoque un simple réveil, la souffrance est ressentie. Dom tue Arthur pour qu'il se réveille, puis s'enfuit, s'arrêtant parfois pour tenter de lire le document secret. Arthur se réveille dans le lieu où se déroule la révolte, et essaie de prolonger le sommeil de Saito, tandis que Nash éveille Cobb, mais il est trop tard. Saito menace Arthur.

Cobb reprend le dessus : Il mène l'interrogatoire. Mais Saito remarque un détail qui lui fait découvrir qu'il est dans un autre rêve imbriqué dans le premier. Toute l'équipe se réveille dans un train et se disperse.

Cobb fait tourner une toupie : il prépare son suicide. Quand la toupie cesse de tourner, il repose son arme. C'est un geste dont nous devinons maintenant le sens. Le téléphone sonne. Ce sont ses enfants. On apprend alors que Mall est sa femme, et qu'elle est décédée.

Arthur et Dom arrivent à l'hélicoptère : Nash y est prisonnier et Saito les attend. Il leur propose de pratiquer une « inception ». Dom est prêt à refuser, mais la récompense que propose Saito est la possibilité de revenir auprès de ses enfants. La

Collection : « De l'œil à l'Être »

phrase intéressante est ici : « aucune idée n'est simple quand il faut l'implanter dans l'esprit d'une autre personne. » Saito demande à Cobb de lui faire confiance.

Arthur et Dom prennent l'avion. Arthur apprend que Dom a déjà pratiqué une « inception ». Ils se rendent à Paris pour trouver un architecte.

Dom et Miles : on apprend ici que Miles est le père de Mall. Dom lui demande un brillant élève pour concevoir l'architecture des rêves qu'il va utiliser. Il insiste sur ce qu'il propose au candidat, c'est-à-dire la création pure. Miles a une réplique à retenir : « reviens à la réalité », la réponse de Dom l'est encore plus, car il argumente sur la réalité vécue par ses enfants, et jouant sur la corde de l'émotion, il insiste « tes petits enfants ». La réalité des uns n'est pas celle des autres.

Dom et Ariane : Dom recrute Ariane. Arthur prépare les lieux où l'équipe travaillera. La formation d'Ariane commence sur fond de rêve. Nous les voyons d'abord à la terrasse d'un café. Tout explose autour d'eux. Dans un deuxième rêve les rues de Paris se retournent complètement. Les défenses du subconscient de Cobb commencent à fonctionner. Puis viennent les jeux de miroirs. Dom et Ariane prennent une rue que tous deux connaissent. Cobb la met en garde. Il ne faut pas créer des souvenirs entiers. Les traumatismes cachés de Dom se réveillent. Mall apparaît et tue Ariane.

Ariane déclare qu'elle refuse le travail. Le subconscient de Cobb est trop troublé. Mais Cobb sait qu'elle reviendra. Il part à Mombasa pour recruter Eames.

À Mombasa : Dom retrouve Eames et lui fait part de ses plans. La conversation entre Dom et Eames est intéressante. Il est nécessaire de l'écouter attentivement pour en saisir toutes les subtilités. Cobb est poursuivi par les tueurs de la société qui l'avait recruté précédemment. Il est sauvé in extremis par Saito qui lui déclare veiller sur ses investissements.

Retour à l'atelier de Cobb : Ariane est revenue et Arthur continue la formation. Ariane apprend que Mall est morte.

Le chimiste Yusuf : présente le produit qu'il utilise à Eames, Saito et Dom. Il les fait entrer dans une salle ou une dizaine de dormeurs sont connectés entre eux. Si la motivation des sujets intrigue Saito, Cobb comprend le pourquoi de cette attitude. La phrase prononcée par un vieil homme est à retenir : « le rêve est devenu leur réalité ».

Saito expose la mission à accomplir. Il la présente comme utile au monde. Eames intervient, il veut connaître davantage le bras droit du dirigeant de la multinationale proche de la mort : Peter Browning.

Eames élabore un plan. Il s'agit d'utiliser Peter Browning pour implanter l'idée.

Collection : « De l'œil à l'Être »

Ariane a fabriqué son totem, objet que le rêveur est seul à connaître et qui lui permet de savoir s'il continue à rêver ou s'il est éveillé. Elle apprend que Cobb est recherché pour le meurtre de sa femme.

Le plan prend forme. Les dialogues sont importants pour comprendre le mécanisme du subconscient, mais aussi pour comprendre la suite du film. Il nous faudra, en effet, naviguer dans trois niveaux de rêve.

Tout est prêt. Il faut 10 heures à l'équipe pour mener à bien son projet. Saito trouve la solution. Un vol Sydney, Los Angeles.

Ariane entre dans le rêve de Dom. Elle se retrouve dans un ascenseur. Elle entend la discussion de Dom et Mall, mais Mall la repère. Cobb l'entraîne alors sur une plage, Mall y joue avec les enfants. Il lui montre ensuite comment il a dû quitter les États-Unis. Elle s'enfuit et descend encore plus profond dans le subconscient de Dom. Elle découvre alors un appartement en désordre où Mall attend. La discussion est à retenir.

Fischer père est mort. Il est temps d'agir pour l'équipe. Ariane partira avec eux pour protéger l'opération des visites intempestives de Mall.

Cobb craint que Saito ne tienne pas ses engagements. Saito le rassure. Même s'il ne le formule pas ainsi, il demande, une fois de plus, à Cobb, de lui faire confiance.

Dans l'avion, tout le monde se prépare pour l'opération après avoir endormi Fischer.

Yusuf attend sous une pluie battante. Les autres lui reprochent de ne pas avoir prévu un passage aux toilettes. L'équipe vole un taxi, s'arrête pour prendre Fischer et l'enlève. Un train apparaît, puis ils sont attaqués. Saito est blessé.

Dans le hangar où ils se réfugient, ils s'aperçoivent que Fischer avait été entraîné pour se protéger de l'extraction. Ils découvrent aussi que, sous l'effet du sédatif puissant que Yusuf leur a administré, la mort ne les fera pas sortir du rêve mais les enverra dans les limbes. Ils n'ont d'autres choix que de continuer.

Un interrogatoire est mené pour obtenir la combinaison d'un coffre. Fisher ne sait rien, puisque ce coffre n'existe pas. La torture de Browning est simulée, Eames prend sa place et essaie d'en savoir plus sur la relation qu'avait Fischer avec son père.

Dom raconte à Ariane **le suicide de sa femme** qu'elle s'était arrangée pour présenter comme un meurtre. Il lui explique le motif de ce suicide : retourner à la réalité.
Ariane lui explique alors que ce qui donne sa force à la présence de Mall c'est le sentiment de culpabilité qu'éprouve Cobb. Elle accompagnera Cobb, une fois de plus, pour protéger l'opération et protéger les autres membres de l'équipe.

Collection : « De l'œil à l'Être »

Nouvelle attaque des projections de Fischer. Tout le monde embarque dans la camionnette. Seul Yusuf restera éveillé.

Entrée dans le second rêve - l'hôtel. Eames a pris la forme d'une femme et vole le portefeuille de Fischer alors que Cobb vient d'arriver. Celui-ci se présente alors comme le protecteur de Fischer, le prévient qu'il rêve, et l'emmène dans une des chambres de l'hôtel. Pendant ce temps Yusuf essaie d'échapper aux projections.

Browning (projection de Fischer) entre dans la chambre et avoue partiellement un méfait (inexistant évidemment). Fischer doute maintenant de lui. Cobb propose de pénétrer l'esprit de Browning pour savoir ce qu'il cache.

Toute l'équipe se trouve au pied d'une forteresse, **dans la neige.** Ils vont essayer de s'y introduire. Tous se défendent contre les projections, aux trois niveaux de rêves. Yusuf est arrivé sur le pont, et lance la musique qui détermine le déclenchement du « coup de fouet ». L'équipe n'a plus beaucoup de temps. Ici nous assistons à une course-poursuite dans la neige. Les images des trois rêves se mêlent. La camionnette bascule du pont. Arthur est obligé de changer ses plans pour déclencher le réveil de l'équipe.

Fischer est entré dans la forteresse et s'approche de la chambre forte. Mais Mall est là aussi. Cobb ne peut l'abattre, et elle tue Fischer. Il tirera mais trop tard. Ariane propose de suivre Fischer dans les limbes. Elle part avec Cobb.

Ariane et Cobb se retrouvent sur une plage. C'est le monde que Cobb et Mall avaient créé. Ils retrouvent Mall. Une discussion s'engage entre Cobb et sa femme. Il lui avoue que c'est lui qui a implanté l'idée qu'il fallait se suicider pour rejoindre la réalité. Il avoue ses remords, même si son intention était de la sauver. Dans les autres niveaux de rêve, la camionnette continue de tomber, Arthur est prêt pour le coup de fouet, Eames pose les explosifs, mais Saito meurt.
Cobb demande à Ariane d'emmener Fischer. Quand Mall comprend que Cobb n'a pas l'intention de rester, elle essaie de le poignarder, et Ariane l'abat.

Fischer est retourné au troisième niveau. Il entre dans la place forte. Son père y est alité, il lui désigne le coffre. Fischer l'ouvre et y découvre un moulinet et le faux testament. Eames peut tout faire exploser, Ariane se laisse tomber dans le vide pour revenir au troisième niveau. Tous vont maintenant se réveiller dans la camionnette. Seul Cobb reste dans les limbes pour retrouver Saito.

Nous retournons aux premières scènes. Cobb essaie de convaincre Saito de revenir avec lui.

Réveil de Dom dans l'avion. Toute l'équipe est présente. Saito se réveille à peine et prend son téléphone. Miles attend Cobb et le ramène chez lui. La toupie tourne encore une fois, mais on ne saura jamais si elle s'est arrêtée.

Collection : « De l'œil à l'Être »

COMPRENDRE

Un film, un livre, une pièce de théâtre, une conversation, même seulement entendue au passage, une rencontre, même quand elle est brève, un papillon qui passe, un bourgeon sur un arbre, un oiseau qui se pose, tout peut nous permettre d'apprendre. Il s'agit d'ouvrir les yeux et de voir avec l'œil intérieur.

Ce chapitre a pour but de récapituler quelques éléments qui pourraient nous permettre de progresser dans notre recherche de nous-mêmes.

Évidemment, nous ne pouvons pas tout voir, ni tout expliquer, mais essayons de voir l'essentiel.

Il ne suffira pas seulement de repérer ce qui est important. Il ne suffira pas seulement de lire les messages, mais de les faire nôtres.

Cherchons en nous ce qui nous rapproche des personnages. Voyons où et quand, leurs erreurs sont souvent les nôtres. Ne nous cachons pas que les situations présentées se rapprochent parfois de celles que nous avons vécues ou que nous vivons.

Soyons clairs avec nous-mêmes, sans condamnation ni indulgence, sans jugement.

C'est ainsi que nous progresserons. C'est ainsi que notre vécu deviendra expérience.

Il ne s'agit pas de considérer la projection d'un film, la lecture d'un livre, comme une expérience en tant que telle, mais de comprendre comment elle peut éclairer les actes incompris (totalement ou partiellement) de notre existence.

Rappelons-nous que notre cerveau ne classe, dans le tiroir « expérience acquise » que ce qui est vraiment intégré.

Collection : « De l'œil à l'Être »

Qu'est-ce qu'un rêve ?

Définition : *(dictionnaire Larousse) Production psychique survenant pendant le sommeil et pouvant être partiellement mémorisée.*

On voit souvent les rêves comme de simples réceptions d'images, mais elles sont accompagnées d'un ressenti (c'est, dans le film, ce qu'exprime Ariane lors de son premier apprentissage). C'est ce ressenti qui nous permet de penser que nous sommes dans la réalité.

Si l'on peut voir le rêve comme une réponse biologique qu'on étudie de l'extérieur, si on peut l'analyser en psychologie et en psychiatrie, si depuis toujours les hommes ont cherché à lui donner un sens, personne ne sait à quoi il sert, et même, s'il sert à quelque chose. Nous savons seulement que quelqu'un qu'on empêcherait de rêver ne pourrait pas survivre.

On ne peut parler de rêve sans parler d'inconscient *(tout ce qui n'est pas conscient),* ou de conscient *(Qui a une pleine et claire connaissance de ce qu'il fait ou éprouve, de l'existence ou de la réalité de quelque chose – toujours dans le Larousse).*

Pour ma part, je considère le rêve comme un moyen d'expression, celui de l'inconscient et celui de l'âme. De la même façon, un lapsus, un acte manqué, une maladie peuvent être des messages que nous entendons ou pas, que nous interprétons correctement ou pas. Le sommeil du corps donne un moment de liberté à l'âme emprisonnée. Les rêves sont multiples, et se distinguent par leurs utilités. Certains servent à éliminer le non nécessaire contenu dans l'inconscient, d'autres nous préviennent d'un simple inconfort ou d'un danger potentiel ou réel, d'autres encore nous aident à nous libérer, et il y a aussi les rêves formateurs et les rêves initiatiques.

Nos sens envoient des milliers d'informations, dont certaines seront utilisées par le conscient et d'autres pas. Le conscient analyse, raisonne, l'inconscient accepte ce qu'on lui donne et effectue des classements, au fur et à mesure peut-être, mais surtout la nuit pendant notre sommeil.
Nous nous rappelons peu de nos rêves, mais lorsque certains souvenirs demeurent après notre réveil, nous pouvons faire un premier tri.

- Nous reconnaissons parfois les événements des derniers jours.
- Nous trouvons des solutions à nos problèmes de la journée dans certains rêves.
- Il arrive aussi que les sensations du corps influencent nos rêves (Dans le film, c'est le cas de Yusuf qui n'a pas pris le soin d'aller aux toilettes).
- Les rêves prémonitoires sont rares, mais existent.
- Il y a ensuite les songes où le subconscient restitue des événements traumatisants. Ce sont des chocs qui, quelques fois, n'ont pas, ou peu, laissé de traces dans le conscient, mais dont l'inconscient est imprégné (Dans le film : c'est le suicide de Mall, c'est la séparation avec

les enfants. Ici les événements sont totalement conscients).
- Les rêves peuvent aussi dévoiler des sentiments refoulés (Dans le film, la culpabilité de Cobb).
- Ils peuvent aussi exprimer un malaise particulier ou général, physique ou psychologique, annonciateur de maladies.
- Les rêves initiatiques sont révélés par les images symboliques fortes qui émanent de l'inconscient collectif. N'oublions pas que nous sommes tous liés.
- Ils sont souvent le seul moyen, pour l'âme blessée, de rappeler qu'elle peut vivre en harmonie avec le corps, que ses échappées nocturnes ne lui suffisent plus.

Les rêves lucides

Ce sont les rêves que nous faisons, tout en sachant que nous rêvons. Nous avons tous vécu cette expérience surprenante, au moins une ou quelques fois. Certaines personnes se conditionnent pour cela, et réussissent à entrer dans leurs rêves consciemment. Elles le font régulièrement et sans problème, et en tirent, disent-elles, un bienfait. Il faut cependant être prudent. L'essentiel est de pratiquer de façon mesurée. Certains pourraient y trouver une échappatoire à leur vie « réelle ». Notre incarnation doit être vécue pleinement. La vie onirique maîtrisée, au moins en partie, avec toute sa partie créatrice, est tentante. Mais le rêve lucide est, je crois, d'un intérêt appréciable, s'il permet une meilleure connaissance de son subconscient.

Entrer dans le rêve de quelqu'un comme dans le film ?

Dans « Inception », les participants à l'expérience, consentants ou forcés, sont reliés par une machine. Cette machine n'existe pas encore. Sera-t-elle un jour inventée ? Peut-être !

Il arrive parfois que deux personnes fassent le même rêve. Ce sont en général des proches de cœur, on a pu le constater avec des jumeaux.

Nous n'avons encore vu personne s'introduire dans le rêve de quelqu'un d'autre, et agir sur les événements qui s'y déroulent. Sauf …..

Sauf peut-être chez les chamans. Mais cela ne se passe pas comme dans « Inception ». Le chaman boit et donne à boire aux sujets, une potion à base de plantes hallucinogènes, **dans un unique but thérapeutique**. Les participants entrent dans un état qui pourrait être une transe, mais qui n'en est pas une, qui est peut-être une façon de rêver, mais ce n'est pas vraiment un rêve. Ils communiquent entre eux ou pas, peuvent guérir les autres, ou se guérir eux-mêmes, ou ne le peuvent pas. Le chaman est là pour guider, pour guérir, pour permettre l'ouverture des yeux et du cœur.

Il arrive parfois que les patients aient des visions terrifiantes. Malades et guérisseur sont alors connectés, non en tant qu'êtres aboutis dans cette incarnation, mais se retrouvent à l'origine de la vie, à l'état de « non-être ». C'est stupéfiant et passionnant.

En utilisant la même boisson, le chaman peut aussi amener le sujet à revivre une scène traumatisante, puis il l'aide et le guide de façon à changer la conclusion de l'événement, obtenant ainsi sa guérison. (Je vous conseille de regarder avec attention le documentaire : « D'autres mondes » de Jan Kounen).

L' « inception » est-elle possible ?

Dans le film, l'« inception » est réussie. Nous pouvons remarquer toutefois, que pour favoriser l'implantation d'une idée, celle-ci doit aller dans le sens positif. C'est d'ailleurs ce que Dom Cobb explique à ses collaborateurs.

De même, un hypnotiseur ne peut obtenir de ses patients (dans le cas de thérapie par l'hypnose) quelque chose auquel ils s'opposeraient normalement.

Ainsi Fischer accepte l'idée de démanteler le groupe de son père, seulement parce qu'on lui fait croire que c'est son souhait. Il n'aurait jamais été possible, pour lui, d'imaginer une minute, que son père puisse vouloir cela, si l'équipe n'avait pas mis au point le stratagème de la réconciliation. Fischer peut y croire parce qu'il a envie d'y croire, il a envie de croire que son père l'aime.

De même, l'implantation de l'idée que le monde de Mall n'est pas réel, fonctionne, mais demeure dans son esprit. Si cela marche, c'est que cette idée existe déjà en elle, à l'état inconscient. Et elle y demeure, parce que cette idée lui appartenait à l'origine, une idée qu'elle avait oubliée.

Rêvons-nous notre vie?

Tout Cela nous amène à cette notion que notre vie pourrait être un rêve. C'est ce qu'affirment les mystiques, c'est la Maya des bouddhistes.

La vie ordinaire : une simple illusion ? Et pourquoi pas ?

Peut-être sommes-nous plongés dans un sommeil profond. Nous rêvons peut-être notre vie. Peut-être sommes-nous les participants consentants des expériences de Yusuf.

Pourquoi ne pas imaginer que nous sommes, un jour, entrés dans un corps, comme on enfilerait un costume, que nous avons oublié notre vraie nature, nous avons oublié notre âme et nous pensons être ce corps. L'âme est enfermée et ne peut quitter le corps éveillé. Que serait cette chair sans âme ? Une coque vide ! Cette âme attend le sommeil du corps pour pouvoir re-

trouver sa liberté. Mais cette liberté n'est pas totale, elle est liée à ce corps qui est censé l'aider à progresser. Elle doit accomplir sa tâche. Elle envoie des messages, des signaux d'alerte, des appels au secours, mais aussi des bouffées de bonheurs et des instants de paix. C'est peut-être cela être endormi : ne pas savoir ce que nous sommes.
*(Lire aussi : page 171-Recueil de l'Être **et** Magie Blanche de Gian Dauli - Voir le film EXistenZ)*

Le temps

Si nous voulons définir le temps, nous dirons tout de suite qu'il est un partage organisé de notre vie, auquel nous nous assujettissons, auquel nous consentons pour nous intégrer à la vie ordinaire. Il est pourtant une illusion de plus. Il diffère selon la perception que nous en avons. Les minutes peuvent paraître des heures quand on attend quelqu'un ou quelque chose. Elles défilent à toute allure dans les moments de plaisir.
La notion de temps est présente dans tout le film, et il est un élément essentiel pour la réussite de l'opération.
Quand nous sommes dans un rêve, quand le chaman travaille sur l'inconscient d'un malade, le temps change parce que la perception de la durée change. Le temps n'est rien en lui-même, il est ce que nous en faisons.
L'expression : « il est un temps pour tout » est une parole de sagesse. L'organisation du temps nous rend impatients et nous vivons parfois notre vie, comme on consomme un fruit vert.

Dans l'enseignement spirituel, il en est de même. L'impatience est souvent au rendez-vous lorsque « les chercheurs de vérité » demandent le passage à la leçon suivante sans avoir totalement assimilé le cours présent. Il faut du temps justement pour tout intégrer. Le savoir intellectuel ne fait pas la connaissance spirituelle. Ce temps diffère selon les personnes. Il ne s'agit pas ici de classement. Certains paraissent plus rapides, ou plus intelligents, mais c'est une erreur. Il y a ceux qui sont prêts et ceux qui ne le sont pas encore, parce que, tout simplement, certains ont déjà expérimenté certaines notions, et d'autres pas. Ceux qui assimilent immédiatement aujourd'hui, sont ceux qui auront plus de mal la prochaine fois. La patience, donc la maîtrise de la perception du temps, est un grand pas à franchir. Cette maîtrise doit toujours être remise en question.

L' « inception » n'est pas nécessaire pour manipuler les esprits.

L' « inception », comme elle est présentée dans le film, n'est pas nécessaire pour manipuler. Bien sûr, si elle pouvait être pratiquée ainsi, le résultat serait plus rapide. Nos « élites » en rêvent peut-être.

La manipulation existe bel et bien. La méthode de l'« inception » n'est pas clairement énoncée, mais c'est bien de cela qu'il s'agit.

Collection : « De l'œil à l'Être »

L'inconscience de la ou des victimes n'est pas totale, mais une idée, une fois qu'elle est entrée dans le subconscient est difficile à éradiquer. (Dans le film, voir le passage où Cobb, suivi d'Ariane, rejoint Mall dans les limbes pour retrouver Fischer).

Pour implanter une idée dans le subconscient, il est préférable d'utiliser l'émotionnel. C'est d'ailleurs ce que dit Dom Cobb dans la scène où l'équipe est réunie pour mettre au point une stratégie.

Dans le film, il s'agira de jouer sur l'amour filial qu'a toujours souhaité Fischer, et qui lui est refusé.

L'arme la plus efficace est la peur. On pourra y ajouter une dose de culpabilité, ou bien encore, on jouera sur l'estime de soi.
Voici par exemple comment on peut utiliser le besoin d'exister, l'envie légitime d'être autre chose qu'un numéro, ou le besoin d'amour, dans **les manipulations au travail** (à retrouver dans « Cœur de Framboise à la frantonienne »).

- Thérèse la paresseuse, laisse croire à tous qu'elle est débordée de travail. Son jeu est à moitié crédible, mais elle ajoutera une note de gentillesse, demandant des nouvelles aux collègues, de façon à montrer l'intérêt qu'elle porte aux autres, mais dans un discours où elle mêle des phrases assassines. La personne concernée ne retiendra que la gentillesse, puisqu'elle s'adresse à elle, mais les allusions sont enregistrées dans l'inconscient, et feront leur chemin.

- Angélique émoustille les messieurs de façon à leur faire perdre une partie de leur capacité à raisonner. Elle promet tout sans rien donner, et ses victimes sont prêtes à beaucoup pour aller plus loin. Elle peut alors insuffler, par d'habiles stratégies de langage, l'information qu'elle veut donner. De cette information, les malheureux vont tirer des conclusions et adopter une attitude, qu'ils auront la certitude d'avoir choisi.

C'est vrai aussi pour **la publicité**, qui tous les jours, et plusieurs fois dans la soirée ou dans la journée, même quand le message est seulement entendu de loin, même quand nous sommes seulement passés devant de grandes affiches, nous insuffle que, par exemple, nous serons de mauvais parents si nous n'achetons pas tel petit-déjeuner. Bien entendu, rien n'est dit, et tout est dit à la fois. Évidemment, on ne nous le dira pas de cette façon, on n'utilisera ni l'obligation, ni la négation, on émettra un message bien plus performant, celui que « nous voulons le meilleur pour nos enfants ». Nous jurons que nous ne nous laissons pas avoir par ces astuces, car nous savons quelque part, qu'on tente de nous manipuler. À cet instant nous ne le sommes par encore tout à fait. Nous le devenons, quand, attirés par le produit concerné dans un supermarché (l'image est donc présente dans notre subconscient), nous lisons la composition. Celle-ci est présentée de telle sorte que nous confirmions la bonne qualité du produit, nous l'emportons à la caisse (nous avons choisi le meilleur pour nos enfants).
Quelque chose est entré en nous, créant soit le doute, soit la certitude. Le sentiment n'est pas immédiat, mais il agira plus tard. C'est une graine semée dans notre inconscient qui associe,

avec notre consentement, Bon pour l'enfant et produit concerné, grâce à des slogans, grâce à des images de bonheur. Car ce message-là nous est répété de multiples fois, par la marque de petit-déjeuner, par celle de pâtes ou de plats préparés, etc.... qui appartiennent toutes au même groupe.

Si le rôle de la publicité a toujours été de faire connaître et, bien sûr, de faire vendre, elle est aussi depuis de nombreuses années, un outil pour créer le besoin. Les adolescents, par exemple, particulièrement sensibles au regard de l'autre, ne peuvent se passer de « marques ». Peu importe l'individu, ses qualités et ses compétences, seule compte l'image que l'on donne de soi. Ajoutez-y tous les programmes de télévision abêtissants, et les séries proposant des modèles de vie basée sur le paraître où l'émotion entoure des futilités, et vous ferez de la population, une masse passive, mais dont chaque membre noyé de solitude, ne pensera qu'à emplir une coque vide avec encore plus de produits de consommation.

Mais il y a pire encore que cela. **Observons le comportement de nos dirigeants**, tous bords confondus.
Les exemples sont nombreux. Il est rassurant, de constater que la technique marche de moins en moins dans l'opinion publique. Il est vrai que nos « élites » se sentent tellement fortes, nous prennent tellement pour des imbéciles, qu'elles cachent à peine leurs objectifs (À moins qu'elles ne le veuillent ainsi !). Prise de conscience ou pas, la technique marche quand même sur certains, et malheureusement sur assez de monde, pour

qu'on nous impose ce qui va nous détruire et renforcer la classe dirigeante.

<u>Prenons l'exemple récent d'une manipulation organisée sur une courte période : le cas de la grippe A</u>. (Vécu d'un citoyen ordinaire)

- On nous explique que cette maladie est grave, on nous parle des centaines de morts dans certains pays, mais on nous dit aussi que cela ne saurait nous arriver. (C'est loin après tout !)

- On nous dit un peu plus tard que toutes les précautions seront prises, on ne sait jamais ! Les doutes commencent à apparaître.

- Encore un peu plus tard, nous sommes informés qu'un vaccin sera disponible. Là, les doutes s'installent dans nos têtes. Ne nous cache-t-on pas quelque chose ? Une autre petite voix intérieure nous rassure, mais l'idée d'un danger est semée.

- Les médias s'y mettent, ce sont des reportages sur la grippe espagnole qui a décimé la population, d'autres sur les premières victimes apparues. L'idée s'encre, accompagnée maintenant d'images, de sons et de statistiques. Le danger est accepté comme réel.

- Le premier malade apparaît dans notre pays, personne ne s'affole vraiment dans la population, mais nos dirigeants prennent les choses en mains. Masques, solutions désinfectantes, vaccins seront à la disposition de tous, les commandes seront passées dans les jours qui viennent. (Mais les commandes sont passées depuis longtemps, autour d'un verre, dans un restaurant de luxe). L'acceptation du danger est renforcée et il devient inéluctable.

- Les consignes deviennent strictes partout. On envisage une vaccination obligatoire, puis on revient sur cette décision (Manifestes d'infirmières, protestations de médecins, pétitions d'associations et de particuliers se demandant si le vaccin n'est pas plus dangereux que la maladie). Un dilemme est né en nous (Nous avons maintenant le choix entre deux peurs : ne pas faire confiance au vaccin et contracter la grippe, ou accepter le vaccin, même si le doute subsiste, et peut-être échapper à la maladie. L'idée que nous pouvons ne pas être contaminés est passée à l'arrière-plan).

- Comme nous avons l'air de ne pas encore avoir assez peur, on nous informe de décès suite à une grippe A. Bien que les médias nuancent le propos, puisque les personnes concernées étaient déjà gravement malades, l'idée est encrée. Il y a ceux qui y croient vraiment et les autres qui n'y croient pas, mais dont les doutes subsistent. (L'important est d'implanter le doute chez ceux qui résistent).

- On n'en rajoute alors une couche avec la culpabilisation. « Vous devez vous vacciner, si ce n'est pour vous, faites-le pour vos enfants ». Et là, ils ont gagné, ou plutôt en partie, car beaucoup n'ont pas marché. Pourtant d'autres ont accepté, et l'on pouvait entendre : je l'ai fait, j'ai eu peur pour mes enfants.

On a reconnu depuis que c'était une fausse alerte (je dirais plutôt une vaste arnaque), mais bien évidemment, il était bien trop tard, cette histoire aura coûté des sommes fabuleuses, au grand bénéfice de l'industrie pharmaceutique, dont nos dirigeants sont les « toutous » serviles.

<u>Prenons un autre exemple.</u> <u>Comment faire accepter moins de liberté à la population ? En semant la peur bien sûr.</u>

Les chiffres sont les alliés favoris des politiques qui excellent dans leur manipulation. Ils s'appuient sur eux pour prendre des mesures sécuritaires.

On décide, par exemple, de poser des caméras de surveillance, qu'on appellera « de protection », pour notre sécurité. Le message est positif, il entre dans nos subconscients qui admettent que nous sommes donc en danger. Si la pause de caméras se justifie parfois, elle est souvent exagérée.

La peur est une émotion utile qui sert à nous protéger. Dès que l'argument de la protection est souligné, conscient et inconscient ne peuvent qu'accepter la solution qui sera donnée.

Collection : « De l'œil à l'Être »

Nous devons avoir peur, en effet, mais du pouvoir, du pouvoir de l'argent et du pouvoir politique (ce qui, aujourd'hui, est la même chose, les politiques étant au service de la finance).

<u>Comment maintenir la délinquance et la violence et alimenter la peur à des fins électorales ? Celui qui fait régner la peur détient le pouvoir. Par exemple dans les banlieues.</u>

Pendant longtemps les hommes politiques ont ignoré les banlieues et leurs problèmes, soit par indifférence, soit parce qu'il est plus pratique de faire l'autruche. Depuis quelques années, ces problèmes sont médiatisés avec art, et instrumentalisés avec soin, de façon à obtenir les voix des électeurs. Entrons dans le détail.

Les « grands ensembles » ont vu naître beaucoup d'enfants dont beaucoup n'ont pas trouvé leur place dans notre société. Autant leurs parents ont pu accepter ces quartiers parce qu'ils donnaient une solution immédiate à leur hébergement (n'oublions pas que beaucoup vivaient dans des bidonvilles), autant ces jeunes gens ne peuvent accepter d'être relégués, et condamnés à vivre le sort de leurs parents ; des parents qui ne sortent de leurs ghettos que pour aller travailler, admettant la réalité des deux mondes (celui des riches et celui des pauvres) comme la normalité.

Les tentatives de libération des nouvelles générations sont vaines aujourd'hui, comme elles l'étaient il y a 30 ans. Élever son niveau social dans ces quartiers n'est pas impossible, mais tellement difficile que l'abandon est pratiquement inévitable. La contestation naît, gronde et explose de temps en temps, sous forme de plus en plus violente, directement proportionnelle à la rancœur et à la révolte. Une révolte alimentée par la connaissance de l'environnement extérieur à la cité, un environnement inaccessible, comme délimité par une frontière invisible.

Toutes les mesures prises ont échoué parce qu'aucune ne tenait compte de la complexité des problèmes s'imbriquant les uns dans les autres. Personne ne prend le temps de comprendre ces complexités. Nos politiques sont bien trop occupés à se faire élire, à trouver les petites phrases qui vont faire la une des journaux en cachant le fond du débat qui ne sera jamais mené. Certaines décisions auraient pu être efficaces, mais demandaient du temps (police de proximité par exemple, supprimée).

Chaque fois que les voitures brûlent, les journalistes s'intéressent soudain à ces quartiers qu'on montre sous le jour le plus sordide et le plus terrifiant. Le sensationnel l'emporte sur la réalité. Les politiques s'emparent alors de l'affaire à des fins électorales. Les enquêtes sont menées, dont les résultats font parfois plus de mal que de bien, plaçant les fauteurs de troubles en victimes, donnant l'illusion d'une reconnaissance. En même temps, on publie des statistiques alarmantes, suscitant la peur dans la population. Ces statistiques deviennent les prétextes à l'annonce de mesures de durcissement de la répression, par les nouveaux sauveurs de victimes instrumentalisées, et dans l'unique but de rassurer l'opinion publique. (Le but est d'affoler, puis de rassurer). En parallèle un gymnase est construit pour calmer le jeu, et on oublie la banlieue une fois de

Collection : « De l'œil à l'Être »

plus, laissant une rage d'autant plus grande qu'elle fait suite à un faux espoir, l'espoir d'être considéré comme des individus à part entière. (On crée l'illusion que l'on fait quelque chose, mais un gymnase ne crée pas d'emplois, il donne l'image que les protestataires demandent le confort.)

Nos « responsables politiques », grands comédiens et fins manipulateurs, oublieux du citoyen, et ne pensant qu'à l'électeur, passent à l'instrumentalisation de la banlieue en général.

Quelques années déjà avant les émeutes de 2005 et jusqu'à 2007, la presse semble s'intéresser aux « quartiers difficiles », les reportages y sont plus nombreux. On a pu croire à un sursaut d'intérêt, mais ces visites n'ont suscité que de la peur supplémentaire, car on n'y voit jamais ou peu, les habitants tranquilles, les gens qui y travaillent, et tous ceux qui aiment leur banlieue. Curieusement, le nombre de ces reportages tombera dès la fin de l'élection présidentielle. Ils reprendront, n'en doutons pas, ni trop tard, pour laisser le temps aux autorités compétentes de tirer « leurs » bilans des opérations de répression musclées qui ne manqueront pas de s'accélérer, ni trop tôt, pour que nous n'ayons pas le temps d'oublier les prestations spectaculaires du nouveau « superman », détenteur de « supers pouvoirs », les escadrons de CRS.
Car un pas a encore été franchi dès 2005. Les élections approchent. Il faut rallier l'électorat dispersé. Il est temps de rappeler au bon peuple que le danger est à sa porte. Juste le « périf » à traverser.

Notre futur candidat aux plus hautes fonctions de l'État, n'hésite pas à utiliser la provocation. Le risque est grand, les victimes inévitables, mais tout est bon pour devenir le libérateur, celui qui sera ferme, qui saura frapper. Il signe là son entrée en campagne même s'il ne le dit pas.
Il connaît parfaitement les dix règles de manipulation des masses et s'en sert avec habileté.
Il sait le pouvoir des médias et s'en fait des alliés. Il joue, avec eux, de la séduction et de la peur. Il caresse dans le sens du poil tout en ne laissant pas oublier que les patrons des grands journaux sont ses amis.
Une large couverture médiatique est donc donnée aux émeutes de 2005, l'événement est grave, il est vrai, mais aussi grave que d'autres dont on a peu parlés (2007). D'autant que tout est fait pour étendre (et non éteindre) la révolte. C'est mettre le feu, pour pourvoir dire qu'on l'a éteint. On demandera aux médias moins de présence, une fois que les jeux seront faits. Lors de ces incidents, « l'état d'urgence » sera décrété par le pouvoir qui a mis lui-même le feu aux poudres.
Notre candidat adore les chiffres, les manipule à loisir, demande du rendement à ses troupes (sans les moyens évidemment), c'est-à-dire un pourcentage en moins, par exemple, dans la criminalité (pas facile), un pourcentage en plus dans les arrestations (ça, ça l'est beaucoup plus). Le procédé a abouti à des dérives, dénoncées, même, par les syndicats de policiers, un procédé qui n'aura fait que développer la méfiance de la population entière de ces quartiers envers l'autorité. Et le candidat pourra dire : j'ai fait, j'ai obtenu, etc.

Collection : « De l'œil à l'Être »

Ne nous leurrons pas. Le pouvoir a besoin, pour se renforcer, d'un taux de délinquance qui progresse (ou qui semble progresser), de faits divers sordides qu'il montera en épingle, et qu'il utilisera pour provoquer lui-même des troubles qu'il réprimera en roulant des épaules, de banlieues pauvres qu'on jouera comme les atouts d'un mauvais jeu de cartes, en les sortant au bon moment.

Tout ce qui a été fait pour montrer la banlieue comme une zone de non-droit (c'est parfois vrai malheureusement, mais ce n'est pas une généralité), tout ce qui n'a pas été fait pour développer ces départements et ces quartiers, ne fait qu'attiser les sentiments d'injustice.

Là encore la manipulation n'aura pas convaincu tout le monde, mais assez pour obtenir l'effet souhaité. Beaucoup ont cru élire l'homme providentiel, celui qui avait les solutions.

Comme dans une « Inception », l'idée de l'insécurité est implantée. Cette « inception » a besoin d'images fortes. La banlieue, poussée à bout et prête à s'enflammer, en offre de nombreuses.
Le sentiment d'insécurité nous enferme, et derrière les portes blindées et les caméras de surveillance, nous ne communiquons plus, et nous avalons les émissions et les discours qui nous endorment. Heureusement, nous avons encore internet, et c'est pour cela que le pouvoir voudrait le contrôler. Nous oublions ainsi, que, s'il y a inflation de la délinquance, elle est directement proportionnelle à l'insécurité économique et sociale.

Nous fermons légitimement notre porte à clé, mais des bandits d'un autre genre, dont les méfaits se chiffrent en milliards et n'entrent pas dans les statistiques, nous volent aussi, jour après jour, notre liberté.

Cette attitude criminelle est calculée. La méthode a déjà servi, pourquoi ne serait-elle pas utilisée pour la prochaine élection ……ou pour pire !!!

Rappelons-nous ce qu'écrivait Orwell dans « 1984 » : *« Le pouvoir n'est pas un moyen, il est une fin. On n'établit pas une dictature pour sauvegarder une révolution. On fait une révolution pour établir une dictature.»*

Rappelons-nous aussi que le pouvoir prépare l'armée à intervenir dans les banlieues.

Rappelons-nous la création (2009) du « Conseil de Défense et de Sécurité Nationale », dont le pouvoir est indiscutable et incontrôlable, présidé par le chef de l'État.

N'oublions pas qu'on peut aussi **provoquer une révolution pour justifier une dictature** ! (Pensons à l'article 16 de la constitution).

Collection : « De l'œil à l'Être »

Le rêve et la mort

Dans le film, nous voyons les personnages se réveiller au moment de leur mort. Mall dira une chose intéressante : la mort provoque un réveil, mais la souffrance est dans la tête. Si notre vie est un rêve comme l'affirment certains, alors notre mort est un éveil.

Nous dirons que la mort est un passage d'un état à un autre. L'enfant qui naît, meurt à sa vie fœtale pour vivre autrement. Chaque état connaît ses souffrances. Chaque vie est l'occasion d'emmagasiner des expériences.

« Inception » - Rêve, sommeil et manipulation

Collection : « De l'œil à l'Être »

À L'ÉCOUTE DES AUTRES

Chacun de nous est, un jour ou l'autre, confronté au problème de devoir aider quelqu'un (ami, collègue, voisin, simple connaissance).

Certains d'entre nous font partie d'associations et apportent leur soutien aux autres quotidiennement.

Après avoir conseillé la consultation d'un médecin ou d'un psychologue, vous pourrez vous rendre compte que cela convient, ou suffit, à certains, mais pas à d'autres. Ceux à qui cela ne convient pas ont surtout besoin d'écoute.

Cette rubrique a pour but de soulever certains problèmes que nous pouvons rencontrer dans nos relations à l'autre, qu'elles soient amicales ou professionnelles, bénévoles ou rémunérées.

Les lignes qui suivent donnent des pistes que vous êtes libres de suivre ou pas. Ce ne sont que des pistes car vous devez faire confiance à votre intuition.

Vous vous retrouverez devant des cas identiques, mais aussi devant d'autres, ayant l'apparence de la similitude dans leurs effets, mais qui se révéleront profondément différentes dans leurs causes. Le but étant de soigner les causes, les méthodes seront différentes.

Faites-vous confiance tout en ayant un œil sur votre ego.

L'ego est comme un enfant capricieux qui cherche à avoir le dernier mot.

Il vous soufflera que vous connaissez déjà ce cas, que ce sera facile, et quelques fois même, que vous êtes le meilleur.

Parfois aussi, il vous dira que vous ne trouverez jamais, et que vous êtes nul.

Vous devez bien entendu, ne pas oublier ce que vous connaissez, mais tout doit être bien rangé dans un tiroir entrouvert, prêt à être ressorti. Vous devez toujours considérer le cas que vous avez devant vous comme inédit. C'est ainsi que vous éviterez les erreurs d'appréciation.

Vous devez savoir que vous ne savez rien, même si votre ego vous dit que vous savez tout.

Essayez de comprendre la personne que vous avez devant vous. Faites-le, pour elle, et à travers elle. Devenez empathique et vous trouverez ce qu'il faut dire. Vous entendrez ce qui se cache derrière ses mots à elle, derrière ses silences, ses larmes et ses rires.

Souvenez-vous que cette personne est un autre vous-même. Si elle éprouve des émotions, vous en éprouvez aussi et si vous sentez les siennes, elle sent aussi les vôtres.

Si vous essayez de guérir, de soigner, alors ce sera l'échec ou la semi-réussite. Guérir ou soigner vient toujours en second. C'est le résultat de votre empathie.

Collection : « De l'œil à l'Être »

Chaque fois que vous voulez guérir ou soigner pour faire le bien, vous êtes dans l'ego, car nul ne sait où sont le bien et le mal.

Quand vous êtes dans la compassion (je n'ai pas dit la pitié) vous laissez l'autre choisir sa voie, vous l'aidez à ouvrir, chez lui (ou elle), le passage qui lie le corps et l'esprit.

Profitez de ce travail pour progresser vous-même. Quand le patient est parti, demandez-vous ce qu'il vous a donné, ce qu'il vous a appris de vous-même, ce qu'il vous a permis de comprendre et peut-être même ce qu'il a guéri en vous. Quand le travail devient échange, il est doublement réussi.

« Inception » - *Rêve, sommeil et manipulation*

Collection : « De l'œil à l'Être »

L'interprétation des rêves

Quand vous apporterez un soutien psychologique aux personnes en souffrance, vous serez amenés à entendre le récit de rêves qui auront intrigué vos interlocuteurs. Entraînez-vous sur vos propres rêves, c'est un excellent exercice.

L'interprétation est parfois délicate. Les multiples ouvrages qui y sont dédiés peuvent donner des pistes, mais ne doivent jamais être pris à la lettre. Il faut aussi se garder de donner un sens prémonitoire aux rêves que nous faisons. Les visions d'avenir sont rares. Rappelez-vous cependant, que les rêves peuvent éclairer le présent, et que c'est dans le présent que nous construisons notre avenir.

Pour procéder à cette interprétation, il est important de noter tout ce qui vous vient à l'esprit dès le réveil. C'est le premier conseil que vous pourrez donner. Vous éliminerez ensuite tout ce qui se rapporte aux faits survenus les jours précédents (Vous rêvez que vous avez un accident de voiture, mais vous venez d'acheter un nouveau véhicule et vous ne l'avez pas encore en main).
Vous devez éloigner les troubles physiques provoqués par exemple par une maladie, ou, par exemple encore, par une mauvaise position du corps pendant votre sommeil (Vous vous approchez dangereusement du bord du lit en dormant et vous rêvez que vous tombez dans un précipice).

Vous prendrez ensuite les éléments de votre rêve en vous demandant ce que cela vous (ou lui) inspire, ce que cela représente pour vous (pour lui ou elle), car n'oubliez pas que chacun de nous a une perception différente des choses. Voici un exemple très simple. Trois personnes rêvent d'une pomme. La première y verra un fruit mûr à souhait, et il faudra certainement en déduire qu'elle avait un petit creux et sans doute aussi un peu soif. La deuxième vous parlera d'Adam et Ève, et, si c'est une femme, vous dirigerez votre entretien de façon à savoir si elle subit des reproches dans sa famille. La troisième personne y verra de la faiblesse physique, et en l'interrogeant, vous apprendrez qu'elle a été sujette à des malaises étant petite, et qu'elle entendait ensuite « Elle est encore tombée dans les pommes ». Ce cas sera évidemment plus difficile, car il faudra analyser les autres éléments du rêve pour donner vraiment du sens à ce qu'elle a vu.

Vous essaierez ensuite de vous rappeler si les images étaient accompagnées de sensations fortes, de la peur, de l'indifférence, de la colère par exemple.

N'oubliez pas les éléments culturels, les proverbes, les expressions, surtout celles utilisées dans votre (ou son) entourage.

Complétez tous les renseignements collectés par la connaissance de votre (ou son) environnement familial, par les soucis qui vous (ou le, la) préoccupent. Parfois il vous faudra aller loin dans l'enfance, dans la relation avec le père, avec la mère.

Collection : « De l'œil à l'Être »

Voici un exemple caractéristique :

Armelle a rêvé plusieurs fois, et à quelques semaines d'intervalle, qu'elle enlevait ses chaussures, sortait de chez elle, revenait, en enfilait d'autres, puis préférait les enlever et partir pieds nus. Le contexte différait légèrement, mais l'essentiel y était.

Armelle n'avait pas acheté de chaussures récemment, ne projetait pas d'en acheter. (Élimination de faits survenus récemment)

Je lui demande ce qu'elle a éprouvé pendant ce rêve. Elle me répond qu'elle était soulagée, c'était comme une libération. Se libérer de ses chaussures sous-entendrait que quelque chose l'étouffe, quelque chose qui, sans doute, l'empêche d'avancer.

Y - Vous rappelez-vous d'un contexte particulier avant ces rêves ?
A - Non je ne vois pas.
Y - Ces chaussures ont-elles quelque chose de spécial ? Elles vous rappellent un événement quelconque ?
A - Non. Sinon peut-être qu'il s'agit, pour l'une des deux paires en question, de chaussures que mon mari a choisies et que je n'aime pas.
Y - Vous vous entendez bien avec votre mari
A - Oui (ce n'est pas un oui franc, il y a quelque chose la dessous)
Y - Pas tant que cela, il me semble

A - Non c'est vrai, mais je ne vois pas le rapport (ton agacé)
Y - En plus quelqu'un d'autre le voit et vous fait la cour !
A - Comment le savez-vous ? Vous le connaissez ?
Y - Non pas du tout ! Mais l'énigme est résolue. Vous n'avez pas trouvé chaussure à votre pied. L'autre proposition vous tenterait bien, mais cela vous fait peur, vous préférez rester seule, au moins pour l'instant. Car vous avez décidé de vous séparer de votre mari n'est-ce pas ?

En effet, Armelle avait de plus en plus de conflits avec son mari qui ne perdait pas une occasion de l'humilier. Elle avait décidé de partir, et avait peur de s'engager avec quelqu'un d'autre.
Elle me confia que sa mère utilisait souvent l'expression : « trouver chaussure à son pied » et l'avait mise en garde contre ce mariage.

Collection : « De l'œil à l'Être »

CONCLUSION

Le film « Inception » contient un enseignement extrêmement intéressant. Il nous pousse à la réflexion tout en nous distrayant.

Pour ceux qui le souhaitent, ce livre pourra être un humble fil d'Ariane. Mais je vous engage, chers lecteurs, à pousser davantage vos recherches. Notre subconscient est un fabuleux labyrinthe, dont nous ne connaissons pas grand-chose. L'aventure est là, dans nos têtes !

Rappelez-vous tout de même que le but de nos vies est d'atteindre les objectifs de notre incarnation, des objectifs que nous devinons sans vraiment savoir ce qu'ils sont. Il s'agit donc d'explorer, mais de garder à l'esprit qu'il est essentiel de garder le contact avec la réalité. Cette réalité, individuelle et collective, n'en est pas vraiment une, mais elle est celle qui nous occupe et qu'il est important d'appréhender.

Quand nous allons au cinéma, le film devient notre réalité à ce moment précis, mais il n'est pas LA réalité. Pourtant ce film nous aura apporté quelque chose, et il aurait été dommage de ne pas nous y plonger pour en tirer l'essentiel. Il en est ainsi de nos vies.

« Inception » - Rêve, sommeil et manipulation

Collection : « De l'œil à l'Être »

Table des matières

LA COLLECTION « DE L'ŒIL A L'ÊTRE »..................................7

INTRODUCTION..................................11

SYNOPSIS ET FICHE TECHNIQUE..................................15
Synopsis..................................15
Fiche technique..................................16
Distribution..................................16

ENVIRONNEMENT..................................19

LES PERSONNAGES..................................21
Premier aperçu..................................21
Les personnages :..................................23
Les personnages comparés..................................27

LES SCÈNES..................................29

COMPRENDRE..................................37
Qu'est-ce qu'un rêve ?..................................39
Les rêves lucides..................................41
Entrer dans le rêve de quelqu'un comme dans le film ?..................................42
L' « inception » est-elle possible ?..................................43
Rêvons-nous notre vie?..................................44
Le temps..................................45
L' « inception » n'est pas nécessaire pour manipuler les esprits..................................46
Le rêve et la mort..................................59

A L'ÉCOUTE DES AUTRES..................................61
L'interprétation des rêves..................................65

CONCLUSION..................................69